어린 이산과 천자문의 비밀

너무 슬프면 말이 짧을 수밖에 없고,

너무 마음이 아프면 도리어 어떤 통증도 느낄 수가 없습니다.

소자가 지금까지 15년이 지나도록

죽지 않고 살아 있는 것은 죽을 줄 몰라서가 아닙니다.

선왕˚의 은혜를 입어 왕위를 이어받고 있기 때문입니다.

돌아가신 아버지께 장헌이라는 시호˚를 올리고,

아버지 사당의 이름을 경모궁,

묘소의 이름을 영우원이라 고쳐 부르도록 하였습니다.

선왕(先王) 조상 세대의 임금.
시호(諡號) 왕이나 사대부들이 죽은 뒤 그 공덕을 기리며 주는 이름.

그리고 예조판서에게 이와 같은 의식을 따르도록 하였습니다.

의식에 쓸 술 그릇의 가짓수와 악기의 배열은

종묘보다 한 등급 낮게 정하였습니다.

이렇게 하는 소자의 마음을 아버님의 영령께서

알아주시기를 바랄 뿐입니다.

숭정 이후 세 번째 병신년에 피눈물로 삼가 글을 씁니다.

-《홍재전서》 8권, 《궁원의》 머리말 중에서

영령(英靈) 죽은 사람의 영혼을 높여 이르는 말.
숭정(崇禎) 중국 명나라의 마지막 황제 의종 때(임금이 왕위에 오른 해에 붙이던 칭호)로 당시 조선은 명나라의 연호를 사용했다.
궁원의(宮園儀) 사도 세자의 사당과 묘소를 모시는 여러 가지 의식과 절차를 기록한 책.

위대한 책벌레 7

어린 이산과 천자문의 비밀

초판 1쇄 발행 2014년 12월 1일
초판 3쇄 발행 2021년 12월 28일

글 정혜원
그림 김호랑

펴낸곳 도서출판 개암나무(주)
펴낸이 김보경
경영관리 총괄 김수현　**경영관리** 배정은
편집 조원선 서진　**디자인** 김효정　**마케팅** 신종연
출판등록 2006년 6월 16일　제22-2944호

주소 서울특별시 용산구 한남대로40길 19, 4층(한남동, JD빌딩) (우)04417
전화 (02)6254-0601, 6207-0603　**팩스** (02)6254-0602　**E-mail** gaeam@gaeamnamu.co.kr
개암나무 블로그 http://blog.naver.com/gaeamnamu　**개암나무 카페** http://cafe.naver.com/gaeam

ⓒ 정혜원, 김호랑, 2014
이 책의 저작권은 저자에게 있습니다. 저자와 출판사의 허락 없이 내용의 일부를 인용하거나 발췌하는 것을 금합니다.

ISBN 978-89-6830-113-1 74810
ISBN 978-89-6830-029-5(세트)

이 도서의 국립중앙도서관 출판시도서목록(CIP)은 서지정보유통지원시스템 홈페이지(http://seoji.nl.go.kr)와
국가자료공동목록시스템(http://www.nl.go.kr/kolisnet)에서 이용하실 수 있습니다.
(CIP제어번호: CIP2014031239)

품명 아동 도서 | **제조년월** 2021년 12월 28일 | **사용연령** 9세 이상
제조자명 개암나무(주) | **제조국명** 대한민국 | **전화번호** 02-6254-0601
주소 서울시 용산구 한남대로40길 19, 4층(한남동, JD빌딩)

어린 이산과 천자문의 비밀

정혜원 글 김호랑 그림

개암나무

작가의 말

책으로 세상을 밝힌
독서 대왕 정조를 만나다

　정조는 조선 후기에 학문과 문화를 높은 수준으로 끌어올린 임금이에요. 본래 이름은 이산. 조선 시대 임금을 통틀어 세종과 함께 최고의 독서왕으로 손꼽히지요.

　정조는 타고난 공부 벌레였어요. 말을 배우기 전부터 글자를 보면 좋아했다고 해요. 왕위에 오른 뒤에도 백성들이 풍요롭고 편안하게 살 수 있는 세상을 만들기 위해 부지런히 공부했어요. 평생 동안 책을 읽고, 연구하고, 글을 썼지요.

　정조는 책으로 세상을 변화시킬 수 있다고 생각했어요. 그래서 왕이 되자마자 왕실 도서관인 규장각을 세웠어요. 그곳에서 책을 읽고 젊은 관리들과 밤새 토론하는 것을 큰 즐거움으로 여겼지요. 그리고 스승과 같은 임금이 되고자 했어요. 백성들에게 모범이 되도록 책에서 배운 가르침을 먼저 행동으로 옮기려고 노력했지요.

정조가 훌륭한 또 다른 까닭은 어린 시절에 겪은 크나큰 상처를 스스로 극복했다는 점이에요. 바로 아버지 사도 세자의 죽음이지요. 열한 살이 되던 해 여름, 산은 끔찍한 장면과 맞닥뜨리게 돼요. 할아버지 영조가 사도 세자를 뒤주에 넣어 죽게 한 사건이에요. 산은 할아버지에게 달려가서 아버지를 살려 달라고 빌고 또 빌었지만 결국 사도 세자는 뒤주 안에서 죽고 말았어요.

영조가 사도 세자를 죽인 까닭에 대해서는 여러 의견이 있어요. 사도 세자가 왕이 되는 것을 반대한 일부 신하들이 모함한 결과라는 말도 있고, 사도 세자가 주변 사람들을 함부로 해쳤기 때문이라는 말도 있어요. 진실이 무엇이든 나이 어린 산에게는 분명히 큰

뒤주 쌀 따위의 곡식을 담아 두는 나무 궤짝.

충격이었을 거예요.

　산은 절망 앞에 무너지지 않았어요. 더욱 열심히 공부했고, 어진 정치를 베풀어 이름을 남겼지요. 하지만 산의 마음속에 남았을 상처를 생각하니 몹시 안쓰러웠어요. 고작 열한 살짜리 어린아이가 그런 고통과 슬픔을 어떻게 이겨냈을까 궁금하기도 했고요. 그래서 상처받은 아이의 마음을 어루만지는 심정으로, 다음과 같이 상상의 나래를 펼쳐 보았답니다.

　사도 세자가 죽고 난 후, 산은 책을 펼치면 글자가 흩어져 보이지 않는 이상한 병에 걸려요. 아버지를 잃은 슬픔과 호랑이 같은 할아버지에 대한 두려움 때문에 글을 읽을 수 없게 된 것이지요. 영조는 특히 산의 교육에 관심이 많았어요. 나라에서 손꼽히는 인재들을 불러다 산의 스승으로 삼았고, 무슨 책을 얼마나 공부했는지 직접 확인했어요. 글자를 못 읽게 되어 할아버지의 눈 밖에 날까 봐 산은 하루하루 지옥 같은 나날을 보내요.

　산을 괴롭힌 또 한 가지 사실은 '죄인의 아들'이라는 것이에요.

사람들은 사도 세자가 큰 죄를 지어서 죽었다고 수군거렸어요. 남몰래 괴로워하던 산은 아버지의 진짜 모습을 찾아 나서고, 아버지가 남긴 흔적을 하나둘 만나게 되지요.

이 책의 중요한 내용은 산이 어떻게 아버지를 인정하고 받아들이는지, 자기 자신과 어떻게 화해하는지를 보여 주는 거예요. 어린 산의 서툴고 아슬아슬한 발걸음을 따라가다 보면 정조의 인간적인 모습을 만날 수 있을 거예요. 그럼 250여 년 전 경희궁 존현각으로 왕이 된 아이, 산을 만나러 가 볼까요?

정해원

차례

귀신을 만나러 가다 13

죄인의 아들 27

흩어지는 글자들 35

그림책과 천자문 43

 공부의 뿌리 51

 돌에 새긴 입어 60

 아버지의 편지 67

 반가워, 글자들아 71

귀신을 만나러 가다

"계선아, 저 소리 들리느냐?"

산이 눈을 동그랗게 뜨고 물었어요. 며칠 전부터 산의 귀에 이상한 소리가 계속 들렸거든요. 조용히 칼을 가는 듯 작고 으스스한 소리였어요. 조그만 벌레들이 귓속을 갉아 대는 소리 같기도 했지요.

"안 들립니다."

서안*에 놓인 책을 정리하던 계선이 고개를 흔들었어요. 산은

서안(書案) 예전에 책을 얹던 책상.

울상을 지었어요. 다른 사람에게는 들리지 않는 소리가 자기 귀에만 들리니 이상했어요.

계선이 방을 치우는 사이 산은 살그머니 밖으로 나왔어요. 그림자처럼 따라다니는 계선에게서 잠시 벗어날 수 있는 시간이었지요. 산은 혼자 있고 싶어서 존현각*을 나와 빠른 걸음으로 마당을 가로질렀어요.

그렇게 드넓은 대궐을 헤매고 다니다가 커다란 건물 기둥 뒤편에서 참새처럼 재잘거리는 소리를 들었어요. 대궐에 들어온 지 얼마 안 된 어린 나인*들의 목소리였어요. 같은 또래라서 그런지 친구를 만난 듯 반가웠지요.

"너희들 밤마다 휘령전*에 귀신이 나타난다는 소문 들었어?"

산은 휘령전이라는 말에 바짝 얼어붙었어요.

"휘령전? 얼마 전 세자 저하께서 뒤주에 갇혀 돌아가신 곳 말이야?"

"쉬이, 조용히 해. 세자 저하의 죽음을 입에 올렸다간 목이 달아

존현각(尊賢閣) 사도 세자가 죽은 뒤, 정조가 머물던 곳.
나인 고려·조선 시대, 궁궐 안에서 왕과 왕비를 가까이 모시는 여인.
휘령전(徽寧殿) 창경궁 안에 있는 편전(임금 또는 왕비, 대왕대비 등이 평소에 머무는 곳).

난다는 것 몰라?"

나인들은 한껏 목소리를 낮추었어요. 산은 더 자세히 듣고 싶어서 기둥에 귀를 바짝 붙였지요.

"헉, 그럼 세자 저하의 귀신이 나타난다는 거야?"

"그렇지. 내가 아는 언니가 심부름 다녀오는 길에 휘령전을 지나다 귀신 울음소리를 똑똑히 들었대. 휘령전에서 우는 귀신이 세자 저하 말고 누가 있겠어?"

그때까지 잠자코 있던 나인 하나가 나서서 쏘아붙였어요.

"귀신이 저승에 못 가고 이승을 떠도는 것은 억울한 일이 있어서라던데 세자 저하의 귀신이 뭐가 억울해서 휘령전에 나타난단 말이야? 세자 저하는 정신이 나가서 아랫사람들을 함부로 죽이고, 역모를 꾸며 전하의 자리를 빼앗으려고 했잖아."

날카로운 말들이 바늘처럼 산의 가슴에 박혔어요. 당장 뛰쳐나가서 아버지는 사람을 죽이지도, 할아버지를 몰아내려 하지도 않았다고, 절대로 그런 분이 아니라고 외치고 싶었어요. 하지만 꼼짝할 수 없었어요. 어쩌면 나인의 말이 모두 사실일지도 모르니까요.

역모(逆謀) 왕에게서 나라를 다스리는 권한을 빼앗으려고 함.

"세자 저하가 미쳤다는 소문도, 왕위를 빼앗으려 했다는 것도 모두 거짓말이야. 반대파 신하들이 꾸민 모함이라고!"

"흥, 그걸 어떻게 알아? 순금이 네가 세자 저하를 뵙기라도 했니?"

"그래, 봤다. 세자 저하가 내 고향인 온양의 온천장에 오셨을 때 두 눈으로 똑똑히 봤어. 얼마나 늠름하고 멋있었다고. 백성들이 행차를 구경할 수 있게 허락해 주셨고, 관리들의 말이 논밭을 망치지 않도록 조심하라고 당부하셨어. 내가 본 세자 저하는 절대 그럴 분이 아니야."

순금이라는 나인의 말이 고마웠지만, 마음은 여전히 혼란스러웠어요. 산은 아버지가 큰 죄를 저질러서 할아버지의 명으로 뒤주에 갇혀 죽임을 당했다고 들었어요. 그러나 그 죄가 무엇인지는 아무도 가르쳐 주지 않았지요. 산은 아버지에 관해 더 많이 알고 싶었어요.

"저하, 세손 저하."

계선이 눈치 없이 큰 소리로 부르며 달려왔어요. 산은 조용하라고 눈짓한 후 고개를 돌렸어요. 그러나 나인들은 그새 흩어져 버렸어요.

산은 계선에게 붙들려 돌아왔어요. 그 뒤로 산에게만 들리던 이상한 소리는 더 이상 들리지 않았어요. 대신 나인들이 소곤거리던 소리만이 귓가에 윙윙거렸지요. '할아버지는 왜 아버지를 뒤주에 가두어 죽게 했을까?', '아버지는 정말 미치광이 죄인일까?'. 산은 고개를 흔들었어요.

문득 아버지를 만났다는 나인이 떠올랐어요. 큰 소리로 계선을 불렀어요.

"대궐 안에서 순금이라는 나인을 찾아보아라."

"순금이는 흔한 이름이라 한둘이 아닐 것입니다."

"온양에서 올라온 아이다."

잠시 후 계선이 순금을 데리고 왔어요. 순금은 어미 잃은 새처럼 바들바들 떨었어요. 산은 순금이 애처로웠어요.

"너를 해하려고 부른 것이 아니다. 네 고향 이야기를 듣고 싶어 불렀느니라."

산은 맛있는 음식을 한 상 가득 차려오게 했어요. 순금이 놀라 입을 쩍 벌렸어요. 산이 약과를 집어 건네자 순금은 오물오물 맛

있게 먹었어요.

"네 고향이 충청도 온양이라지?"

약과를 하나 더 집으려던 순금이 멈칫했어요. 어떻게 알았냐는 듯 어리둥절한 표정이었지요.

"온양에서 아바마마를 뵌 적이 있느냐?"

산이 묻자 순금의 얼굴이 새파래졌어요. 아마 나인을 가르치는 상궁이 세자에 대한 말을 입에 올리면 안 된다고 단단히 일렀나 봐요. 순금은 방금 먹은 약과가 얹힌 것 같은 표정이었어요.

"사실대로 말해 주면 된다. 네 말에 내 목숨이 달려 있다."

산은 간곡히 부탁했어요. 목숨이 달려 있다는 말에 순금은 더욱 긴장하는 눈치였어요. 시간이 흘렀고, 방 안은 고요했어요. 순금은 안절부절못했어요. 가끔 산을 힐끗거리기도 했지요. 산의 얼굴에서 누군가를 찾는 것 같았어요. 그러다 눈을 질끈 감았어요. 잠시 후 뭔가를 결심한 듯, 산을 똑바로 쳐다보았어요.

"재작년에 세자 저하께서 병을 치료하고자 온양 온천에 오셨습니다. 행차가 지나가는 길목마다 백성들이 구름처럼 몰려들었지요. 소인도 행차를 구경하러 동무들과 함께 십 리를 걸어갔습니다. 관리들

은 세자 저하를 좀 더 가까이에서 보려고 다가드는 백성들을 사납게 쫓아냈어요. 그래서 머리가 터지고 다리가 부러지는 사람들도 꽤 있었지요."

순금은 한번 입을 열자 비탈길에 방울이 굴러가듯 빠르게 종알거렸어요.

"그때 소인은 관리들의 주먹질을 피해 뒤로 물러서던 어른들에게 밀려 바닥에 쓰러졌어요. 파도에 휩쓸리듯 이리저리 밀리고 사

람들의 발에 밟힐 뻔한 소인을 구해 주신 분이 바로 세자 저하입니다. 말에서 내려 걸어오시더니 저를 일으켜 세워 주셨지요."

순금의 얼굴에 아련하게 미소가 번졌어요. 그날의 광경이 생생하게 떠오른 듯했지요. 산은 할 수만 있다면 순금의 기억 속으로 들어가고 싶었어요.

"제 얼굴에 난 상처를 보시더니 관리들을 호되게 야단치셨습니다. 그리고 저처럼 다친 백성이 있으면 잘 치료해 주고, 백성들에

게 손톱만치도 피해가 가지 않게 하라고 명하셨지요. 제가 기억하는 세자 저하는 참으로 백성을 사랑하는 분이셨습니다."

마지막 말에 산은 눈시울이 뜨거워졌어요. 덩달아 순금도 울먹거렸어요.

산은 아버지를 그리워하는 사람이 있다는 게 기뻤어요. 아버지의 죽음에 관한 진실에 한 발짝 다가간 느낌이었지요. 그러나 순금이 들려준 이야기로는 부족했어요. 아버지에게 직접 묻고 싶은 마음이 간절했어요. 하지만 돌아가시고 없으니 귀신이 된 아버지라도 만나서 진실을 듣고 싶었어요.

산은 날이 저물기를 기다렸어요. 촛불 아래 책을 펴 놓고 있다가 계선을 불렀지요.

"오늘 밤 휘령전에 가야겠다."

"갑자기 휘령전에는 왜 가시려는지요?"

"그곳에 아바마마의 귀신이 나온다는 소문을 들었다."

세자의 귀신이라는 말에 계선의 눈이 등잔만 해졌어요.

"하오나 전하께서 아시면 날벼락이 떨어질 것입니다."

"할아버지에게 날벼락을 맞아 죽든, 아버지를 못 만나 속이 터

져서 죽든, 죽는 것은 똑같지 않느냐. 아바마마를 만나 꼭 여쭙고 싶은 것이 있다."

산이 눈물을 흘리자 계선이 다가와 닦아 주었어요. 밖으로 나갔다가 한참 만에 들어온 계선은 품에서 옷 한 벌을 꺼냈어요. 계선이 어릴 때 입던 옷인 듯했어요. 산은 고맙다는 인사도 못하고 서둘러 옷을 갈아입었어요.

산과 계선은 아무도 모르게 존현각을 빠져나왔어요. 휘령전에 가까워질수록 가슴이 쿵쿵 뛰었어요. 아버지를 만나면 무엇부터 물어볼까? 너무 많은 질문들이 머릿속에서 뒤죽박죽 뒤엉켰어요.

'아버지는 정말 미치광이인가요? 죄 없는 사람들을 많이 죽였나요? 할아버지를 내쫓고 왕이 되려고 했나요? 아니지요? 모두 거짓이지요, 아버지?'

산은 터져 나오는 울음을 삼키려고 이를 악물었어요.

죄인의 아들

휘령전 뜰에 불볕이 쏟아졌어요. 뜰 한가운데에 커다란 뒤주가 놓여 있었어요. 산은 뒤주를 향해 달려갔어요. 뒤주 안에서는 아무 소리도 들리지 않았어요. 산은 그 자리에 주저앉았어요. 대못이 박힌 뒤주를 어루만지며, 목이 터져라 아버지를 불렀어요. 그때, 뒤주 아래 구멍에서 손이 불쑥 나와 산의 팔을 움켜쥐었어요. 산은 겁이 나서 엉겁결에 손을 뿌리치고 말았지요.

"아아악!"

산은 고함을 지르며 깨어났어요. 지난밤 휘령전에서 늦게까지

아버지의 혼령을 기다리다가, 새벽녘에야 들어와서 잠이 들었어요. 아버지의 귀신은 못 만났지만, 꿈에서 아버지를 만난 셈이지요. 아무리 꿈이라 해도 아버지의 손을 뿌리쳤다는 것이 마음에 걸렸어요.

이마에 흘러내린 식은땀을 닦고 고개를 드는 순간, 산은 심장이 멎는 줄 알았어요. 할아버지가 눈을 찡그린 채 산을 굽어보고 있었거든요. 산은 자리에서 벌떡 일어났어요.

"간밤에 뭘 했기에 세손이 해가 중천에 뜰 때까지 늦잠을 잔단 말이냐?"

할아버지는 방 안이 쩌렁쩌렁 울리도록 계선을 야단쳤어요. 어젯밤 휘령전에 다녀온 사실을 알고 오셨나? 산은 지레 겁을 먹고 자라처럼 목을 움츠렸어요.

"세손에게 묻겠다. 왕이 되기 위해선 무엇을 해야 하느냐?"

"자신을 갈고 닦아야 하며, 그러기 위해 공부를 열심히 해야 합니다."

"그리 잘 알고 있으면서 게으름을 피운다는 말이냐? 모르고 실수하는 것보다 알고 실수하는 것이 더 큰 잘못이니라."

할아버지의 목소리가 더욱 커졌어요. 산의 대답이 도리어 화를 돋운 것 같았어요. 할아버지는 말하다 말고 숨을 몰아쉬었어요. 속으로 화를 삭이는 듯했지요. 방 안에 침묵이 흘렀어요. 산은 숨이 막혔어요. 아버지처럼, 뒤주에 갇히는 벌을 받지 않을까 무서워서 고개를 숙인 채 바들바들 떨었어요.

"아비 없는 자식이라는 말을 듣지 않으려면 앞으로 더욱 부지런히 공부해야 한다."

할아버지는 차갑게 말하고 돌아섰어요. 발자국 소리가 점점 멀어지자 산은 살며시 고개를 들었어요. 그때 방문을 막 나서려던 할아버지가 획 돌아섰어요. 할아버지와 눈길이 정면으로 부딪쳤어요. 산은 온몸의 피가 식어 버린 듯 꼼짝도 할 수 없었습니다.

언젠가 그 눈빛을 본 적이 있었어요. 아버지가 뒤주에 갇혔던 날, 아버지를 살려 달라고 애원하는 산을 문밖으로 몰아내던 눈빛과 똑같았어요. 할아버지의 눈은 마치 산을 죄인의 아들이라고 비웃는 듯했어요.

'나는 죄인의 아들이야.'

할아버지의 눈빛을 떠올리자 등줄기에 서늘한 기운이 퍼졌어요.

'죄인의 아들도 죄인이야. 머지않아 나도 아버지처럼 뒤주에 갇혀 죽게 될지 몰라.'

덜컥 겁이 났어요. 어딘가에서 할아버지가 매서운 눈초리로 산을 감시하는 것 같았지요. 산은 사방을 둘러보았어요. 병풍에 그려진 그림과 문살에 새겨진 무늬들도 모두 산을 감시하는 눈처럼 보였어요. 산은 거친 숨을 몰아쉬다가 까무룩 정신을 잃고 말았습니다.

흩어지는 글자들

"세손 저하, 정신이 드십니까?"

계선이 걱정스런 얼굴로 물었어요. 산은 대답 대신 몸을 일으켰어요. 해가 기운 걸로 보아 곧 저녁 공부 시간이에요. 산은 정신을 잃고 널브러져 있는 모습을 스승에게 보이고 싶지 않았어요.

"몸이 편찮으시면 저녁 공부를 쉬도록 할까요?"

"아니다. 오늘 내가 기절한 것은 비밀로 해라."

산은 힘주어 말하고 찬물을 한 대접 마신 후 서안 앞에 앉았어요. 스승이 오기 전에 공부할 내용을 미리 읽어 둘 작정이었어요.

서안 위에 놓인 책을 펼친 순간, 산의 입에서 '헉' 소리가 튀어나왔어요. 산은 눈을 비비고 다시 책을 들여다보았어요. 눈앞이 부옇다가 캄캄해졌어요. 글자들이 종이 위에 떨어진 머릿니처럼 사방으로 꾸물꾸물 흩어졌어요.

아무래도 시력이 나빠졌나 보다 생각하고 고개를 들어 방 안을 둘러보았어요. 가까이 화병에 꽂힌 노란 국화는 물론, 멀리 서가에 쌓여 있는 책들까지 또렷하게 보였어요. 왜 글자만 보이지 않는 것일까? 갑자기 심장이 벌렁거렸어요. 산은 눈을 감았다가 뜨고 다시 책을 펼쳤어요.

"저하, 왜 그러시는지요? 몸이 많이 불편하시면……."

산은 손을 저어 계선의 입을 다물게 했어요. 글자를 읽을 수 없다는 사실을 계선조차 모르게 하고 싶었거든요. 잠시 눈을 감고 어떻게 할까 궁리했어요.

곧 저녁 공부를 하기 위해 스승이 올 시간이에요. 책을 읽을 수 없으니 무슨 공부를 할 수 있을까? 태산 같은 걱정이 산을 짓눌렀어요. 스승이 눈치채면 할아버지에게 알려지는 것도 시간문제예요. 앞으로 벌어질 일들이 산의 머릿속에 병풍처럼 펼쳐졌어요.

"스승님께서 오셨습니다."

계선이 방 안으로 들어와 산을 흔들었어요. 딴생각에 깊이 빠져 있느라, 스승이 문 앞에 와 있는 것도 몰랐어요. 산은 자리에서 허둥지둥 일어났어요. 평소와 다른 산의 행동을 보고 스승이 고개를 갸웃거렸어요.

"오늘은 《대학》을 공부하겠습니다. 제가 먼저 읽을 테니, 뜻을 헤아리며 잘 들어 보십시오."

낭떠러지 끝에 선 것처럼 머릿속이 아득했어요. 산은 호랑이에게 물려 가도 정신만 차리면 산다는 속담을 하늘에서 내려 준 동아줄인 양 속으로 되뇌었어요. 그러자 좋은 생각이 하나 번뜩 떠올랐어요.

태산(泰山) 크고 많음을 비유적으로 이르는 말.
대학(大學) 공자의 가르침을 담은 유교의 경전 중 하나.

"스승님, 어제 배운 내용 가운데 이해가 안 되는 것이 있었습니다. 읽고 외우기만 한다고 공부가 되는 것은 아니지 않습니까? 오늘은 질문과 대답으로 어제 배운 것을 깊이 이해하는 시간이 되었으면 합니다."

스승도 고개를 끄덕거렸어요. 산은 어제 배운 내용들을 쭉 떠올려 보았어요. 다 아는 것들을 짐짓 모른 체하며 꼬치꼬치 캐물었어요. 오히려 당황한 쪽은 스승이었어요. 아무리 조선 최고의 학

자라 해도 장대비처럼 쏟아지는 산의 질문에는 진땀을 뺄 수밖에 없었지요.

"저하께서 궁금하신 점이 이토록 많은 줄 몰랐습니다. 앞으로 문답 시간을 자주 가져 궁금한 점이 없도록 하겠습니다."

"스승님 덕분에 제 학문이 더욱 깊어진 듯합니다."

산은 스승에게 깍듯이 절을 올렸어요. 스승도 맞절을 하고 일어섰어요. 산이 겨우 안도의 한숨을 내쉬려고 할 때였어요. 깜박 잊을 뻔했다는 듯, 스승이 황급히 말했어요.

"돌아오는 보름날, 주상 전하께서 배강을 하기로 하셨습니다. 밤낮으로 틈틈이 준비하시기 바랍니다."

산은 머리를 세게 얻어맞은 느낌이었어요. 스승이 돌아간 후, 산은 그대로 멍하니 앉아 있었어요. 오늘은 겨우 위기를 넘겼지만 내일과 모레는 어떻게 하나 걱정이 앞섰어요. 그동안 배운 것을 시험하는 배강이라니. 매처럼 날카로운 할아버지의 눈을 보며 거짓으로 대답할 자신이 없었어요. 산은 깊은 산중에서 길을 잃은 듯 눈앞이 캄캄했어요.

배강(背講) 책을 스승 앞에 펼쳐 놓고 돌아앉아서 외움.

그림책과 천자문

저녁 수라를 뜨는 둥 마는 둥 하고, 산은 일찍 잠자리에 누웠어요. 입맛이 써서 음식이 목구멍으로 넘어가지 않았어요.

계선은 밤늦도록 산의 곁에 머물렀어요. 지금껏 산을 아버지처럼 업어 키운 계선이 산에게 고민이 생겼다는 것을 모를 리 없었어요. 산이 돌아가라고 하지 않으면 밤새 그 자리를 지키고 있을 게 뻔했어요.

"계선아, 그만 가서 쉬어라."

계선은 아무 대답도 하지 않았어요. 산을 혼자 둘 수 없다고 생각하는 듯했어요. 산은 계선의 황소고집을 꺾을 자신이 없었어요. 잠도 오지 않아 뒤척이다가 자리에서 벌떡 일어나 앉았어요. 다시 글을 읽기 위해 최선을 다해야겠다고 생각했어요.

"그림이 많고 글자가 적은 책은 무엇이 있지?"

갑작스런 물음에 계선이 천장을 보며 눈알을 굴렸어요.

"《삼강행실도》라는 그림책이 있습니다."

"가져오너라."

《삼강행실도》는 모두 세 권이었어요. 산은 그 가운데 한 권을 펼쳤어요. 글자들이 눈 밖으로 달아났지만, 다행히 그림은 또렷이 보였어요. 부모를 정성껏 섬기는 효자들의 모습을 보자, 산은 아버지 생각에 눈물이 왈칵 나려고 했어요. 마음이 약해지면 안 된다고 다독거리며 책을 끝까지 읽었지요.

어느새 밤이 깊었어요. 책의 마지막 장을 덮으려고 할 때였어요. 계선이 기다렸다는 듯 품에서 무엇인가를 꺼냈어요. 《천자문》이었어요. 훨씬 어려운 《대학》을 공부하는 산에게 《천자문》이라

삼강행실도(三綱行實圖) 우리나라와 중국의 책에서 신하와 임금, 부모와 자식, 부부 사이에 모범이 되는 충신, 효자, 열녀들을 뽑아 그 행적을 그림과 글로 칭송한 책.

니. 잠수를 밥 먹듯이 하는 해녀에게 개헤엄을 연습하라는 것과 같았어요. 혹시 글을 읽지 못한다는 것을 눈치챘나? 산은 고개를 들고 계선을 빤히 쳐다보았어요.

"저하, 소인의 말을 잘 들으십시오."

계선은 조심스럽게 주위를 살폈어요. 덩달아 산도 가슴이 두근거렸어요. 계선은 겨우 알아들을 만큼 작은 목소리로 말했어요.

"이것은 보통 《천자문》이 아닙니다. 세자 저하께서 저하를 위해 손수 한 글자, 한 글자 쓰신 책입니다."

산은 조심스레 《천자문》을 펼쳤어요. 손이 벌벌 떨렸어요. 가로세로 굵은 줄만 보일 뿐 여전히 글자는 눈에 들어오지 않았어요. 아버지가 남긴 책을 읽을 수 없는 것이 서글펐어요.

"세자 저하께서는 《천자문》을 다 읽고 편지를 찾으라고 하셨습니다."

아버지의 편지가 있다고? 하지만 글자를 읽을 수 없는데 무슨 수로 찾는단 말인가?

"혹시 내가 지금 글을 읽을 수 없다는 걸 알고 있느냐?"

산은 나지막이 계선에게 물었어요. 계선은 대답 대신 눈물을 뚝

뚝 떨어뜨렸어요. 산도 마음이 울컥했지만, 일부러 침착한 표정을 지었어요.

"나는 글자를 읽을 수 없다. 그러니 네가 나 대신 《천자문》을 읽고, 아버지가 남긴 편지의 실마리를 찾아다오."

산은 촛불을 계선 쪽으로 비추었어요. 계선은 서안 앞에 앉아 책을 펼치고, 노래하듯 흥얼흥얼 읊기 시작했어요. 산은 눈을 감고 귀를 기울였지요.

"하늘 천 땅 지 검을 현 누를 황, 집 우 집 주 넓을 홍 거칠 황, 날 일 달 월 찰 영 기울 측, 별 진 잘 숙 벌일 열 베풀 장……."

책장이 한 장 두 장 넘어갔어요. 한 시간쯤 지나자 계선은 천 글자를 모두 읽었어요. 귀로 듣기에 이상한 점은 없었어요.

"또 읽어 보아라."

계선은 군말 없이 《천자문》을 다시 읽어 나갔어요. 우렁차던 목소리가 점점 잦아들었어요. 산은 눈을 뜨고 계선을 보았어요. 지난밤 잠을 못 자서 조는 줄 알았는데 아니었어요. 계선은 책의 뒷장을 뚫어져라 들여다보고 있었어요.

"무엇을 찾았느냐?"

"저하, 여기 좀 보십시오."

계선이 다급한 목소리로 《천자문》의 뒷장을 가리키며 외쳤어요. 아무리 눈을 씻고 봐도, 산의 눈에는 누런 종이밖에 보이지 않았어요.

"여기 좁쌀만큼 작은 글씨가 쓰여 있습니다."

"뭐라고 쓰여 있느냐? 어서 읽어 보아라."

편지의 실마리일지도 모른다고 생각하자 산은 마음이 급해졌어요. 계선은 천자문 뒷장을 한참 들여다보았어요. 글씨가 워낙 작고, 낙서를 하듯 흘려 써서 쉽게 알아볼 수 없었어요.

"물고기를…… 쫓아…… 가면…… 편지를 찾을 수 있다."

"물고기를 쫓아가면 편지를 찾을 수 있다?"

"예, 소인의 눈에는 분명히 그렇게 보입니다."

한강에서 수십 리 떨어진 대궐에서 물고기를 쫓아가라니, 참으로 이해할 수 없는 내용이었어요. 계선도 알쏭달쏭하다는 듯 어리둥절한 표정을 지었어요. 산은 골똘히 생각에 잠겼어요. 왜 아버지는 복잡한 수수께끼를 남겼을까? 머리가 지끈지끈 아팠어요. 생각할수록 어디서부터 어떻게 해결해야 할지 막막하기만 했어요.

공부의 뿌리

"세손 저하, 서두르십시오. 아침 문안에 늦겠습니다."

계선이 발을 동동 굴렀어요. 밤새 물고기 수수께끼를 푸느라 산이 또 늦잠을 잤거든요. 마음이 급하니 옷을 입을 때도, 신발을 신을 때도 실수투성이였어요. 졸린 눈을 부비며 산은 할아버지에게 아침 문안을 드리러 갔지요.

언제나 산의 하루는 할아버지가 편히 주무셨는지 인사를 여쭙는 것으로 시작돼요. 문안 인사를 마치고 돌아오면 아침 먹고 공부, 점심 먹고 공부, 저녁 먹기 전에 또 공부를 하고, 마지막 자기

전에 저녁 문안 인사를 드렸어요. 사냥이나 종묘 제사 같은 특별한 볼일로 대궐 밖에 나가지 않는 한, 매일같이 문안 인사와 공부를 끊임없이 반복했답니다.

할아버지는 반듯하게 앉아 책을 읽고 있었어요. 서안에 수북이 쌓인 책들이 글자를 읽을 수 없는 산의 고민을 다시금 일깨웠어요. 물고기 수수께끼도요.

"잘 잤느냐?"

어제와 달리 할아버지의 목소리가 부드러웠어요.

"예. 할바마마께서는 밤새 안녕하셨는지요?"

산은 평소와 똑같이 인사를 했어요. 그러나 마음속에는 오늘 하루를 어떻게 보낼지에 대한 근심이 가득했지요.

"세손이 무척 의젓해 보이는구나. 오늘 할아버지 대신 성균관˚에 가도 되겠는걸."

"예, 성균관이요?"

"지난 황감제˚에서 우수한 성적을 거둔 선비들에게 상을 주고

성균관(成均館) 조선 시대, 유학 관련 교육을 맡던 곳.
황감제(黃柑製) 성균관과 사학 유생들의 사기를 높이고 학문을 권장하기 위해 해마다 제주도에서 진상하는 황감(귤)을 나누어 주고 실시하던 과거.

오너라."

성균관에 간다는 것은 오늘 하루 공부를 쉬어도 된다는 말이에요. 산은 기쁜 표정을 감출 수 없었어요. 자기도 모르게 큰 소리로 그렇게 하겠노라고 대답했어요.

"원 녀석도, 성균관에 가는 것이 그렇게 좋으냐?"

할아버지는 속도 모르고 껄껄 웃었어요.

아침밥을 먹자마자 산은 계선에게 성균관에 갈 준비를 하라고 시켰어요. 세손이 대궐 밖에 나가는 것은 보통 일이 아니었어요. 내관과 궁녀들은 행차를 준비하느라 정신이 없었지요. 그 와중에

도산은 물고기 수수께끼를 푸느라 바빴어요. 머릿속으로 물고기와 편지의 관계를 쫓는 동안, 산이 탄 가마는 시끌벅적한 운종가˙를 지나 반수라는 개울을 건너 성균관 앞마을 반촌에 도착했어요.

성균관의 최고 책임자인 대사성이 나와 산을 반갑게 맞이했어요. 대사성이 이끄는 대로 먼저 공자를 모신 문묘에 인사를 올렸어요. 그리고 황감제에서 높은 성적을 받은 선비들을 명륜당˙에 불러 모아 상을 내렸지요. 감격한 선비들은 먼 훗날 산이 훌륭한

<u>운종가(雲從街)</u> 조선 시대 서울의 거리 가운데, 지금의 종로 네거리를 중심으로 한 번화가.
<u>명륜당(明倫堂)</u> 조선 시대에 성균관 안에서 유학을 가르치던 강당.

임금이 될 것이라고 입을 모았어요. 선비들의 칭찬을 듣자 산은 마음 한구석이 따끔거렸어요. 문묘에서도 명륜당에서도 물고기와 편지 생각뿐이었거든요.

모든 행사를 마치고 선비들과 대화를 나누는 시간이 되었어요. 성균관 선비의 대표인 장의가 산에게 물었어요.

"저하께서 아직 어리시긴 해도 학문이 매우 높다고 들었습니다. 요즘 무슨 책을 읽고 계시는지요?"

산의 귀에는 장의의 말이 들어오지 않았어요. 오로지 물고기 수수께끼에만 정신을 집중하고 있었거든요.

"세손 저하, 어서 대답을……."

보다 못하여 계선이 나섰어요.

"아, 연못!"

산의 입에서 엉뚱한 말이 튀어나왔어요. 계선은 귀신에 홀린 듯 산을 쳐다보았어요.

'대궐에 물고기가 있는 곳이라면, 당연히 뒤뜰 연못이야!'

왜 그 생각을 못했을까? 산은 주먹으로 머리를 쥐어박고 싶었어요. 드디어 수수께끼의 실마리를 잡은 듯했어요. 산은 기뻐서 덩

실덩실 춤이라도 추고 싶었어요.

　모든 사람들의 눈길이 산에게 쏠렸어요. 아직 대답을 기다리고 있었지요. 그제야 산은 정신을 차렸어요.

"뭐라고 물었느냐?"

"요즘 저하께서 무슨 책을 읽고 계신지 여쭈었습니다."

장의가 다시 묻자, 엉겁결에 산은 솔직히 대답하고 말았어요.

"《천자문》을 읽고 있다네."

신동으로 소문난 세손이 겨우 《천자문》이라니. 명륜당 안이 찬물을 끼얹은 듯 조용해졌어요. 여기저기서 키득거리는 소리가 들리자 산의 얼굴이 화끈 달아올랐어요. 그러자 대사성이 나섰지요.

"과연 훌륭하십니다. 《천자문》은 모든 공부의 뿌리가 되는 책이니, 누구나 평생 가까이 두고 자주 꺼내서 읽어야 합니다."

선비들은 고개를 끄덕거렸고, 계선은 안도의 한숨을 내쉬었어요. 그러나 산에게는 장의의 질문도 자신의 엉뚱한 대답도 중요하지 않았어요. 마음이 벌써 대궐 연못에 가 있었거든요. 산은 건성으로 작별 인사를 나누고, 도망치듯 성균관을 빠져나왔습니다.

돌에 새긴 잉어

성균관에서 나온 산은 말없이 걸었어요. 발에 날개가 달린 듯 걸음이 가볍고 빨랐어요. 그런 산의 뒤를 계선이 그림자처럼 따라붙었어요.

어느새 대궐 뒤뜰에 도착했어요. 아버지가 돌아가신 후 처음 왔어요. 그곳에는 산과 아버지의 추억이 깃들어 있었어요. 산은 아버지 생각에 목이 메었어요.

아버지는 글공부보다 무예를 즐기는 분이었어요. 말 타고 활 쏘는 것은 따라잡을 사람이 없었고, 힘도 장사였지요. 힘깨나 쓰는

무관들도 쉽게 들지 못하는 긴 칼을 열다섯 어린 나이에 번쩍 들어 올려 주위 사람들을 놀라게 했어요.

어디선가 꿩 울음소리가 들렸어요. 산은 숲 속을 둘러보았어요. 장끼 한 마리가 콩콩거리며 먹이를 찾고 있었어요. 장끼를 보자 아버지와 얽힌 추억 하나가 떠올랐어요.

언젠가 아버지와 활쏘기를 하고 있을 때, 장끼가 뒤뜰로 날아들었어요. 산은 과녁을 향해 쏘려던 화살을 장끼에게 겨눴어요. 한 눈을 감고 잘 조준한 뒤 팽팽한 활시위를 놓자 화살이 바람을 가르며 장끼 쪽으로 날아갔어요. 그런데 다른 화살 하나가 더 빠르게 날아와 산의 화살을 떨어뜨렸어요. 화가 나서 돌아보니 아버지였어요.

"하마터면 꺼병이들이 굶어 죽을 뻔했구나. 새끼들을 위해 위험을 무릅쓰고 사람 가까이 먹이를 구하러 온 장끼를 해치면 되겠느냐?"

산의 머리를 쓰다듬으며 다정히 이르시던 아버지의 목소리가 어디선가 들리는 듯했어요.

꺼병이 꿩의 어린 새끼.

'아버지는 작은 생명도 불쌍히 여기는 어진 분이야. 사람들을 함부로 죽이거나, 할아버지를 내쫓으려고 역모를 꾸몄을 리 없어.'

산은 주르륵 흘러내리는 눈물을 소매로 닦았어요.

연못의 물은 짙은 청록색이었어요. 물고기가 있을 것 같지 않았지만 물속을 가만히 들여다보았어요. 한참 만에 느릿느릿, 휘이익 헤엄치는 물고기들이 보였어요.

'물고기를 쫓아가면 편지를 찾을 수 있다고 했지?'

물속을 들여다보며 산은 혼란스러웠어요. 물고기는 한두 마리가 아니었어요. 물고기들이 가리키는 방향도 제각각 달랐어요. 도대체 어떤 물고기를 쫓으라는 말인가. 산은 연못가에 펄썩 주저앉고 말았어요.

"계선아, 어떤 물고기를 쫓아야 하겠느냐?"

계선은 산을 안타깝게 바라보다가, 연못 주변을 한 바퀴 돌아 원래 자리로 돌아왔어요. 그러고는 멀찌감치 떨어져서 연못을 자세히 살폈어요.

"저하."

계선이 손가락으로 연못을 둘러싼 돌을 가리켰어요. 산은 손가락을 따라 고개를 돌렸어요. 돌에 무엇인가 새겨져 있었어요. 가까이 가서 보니 놀랍게도 잉어 모양이었어요. 산의 얼굴이 밝아졌어요.

"저것이로구나."

돌에 새긴 잉어 머리는 숲을 향하고 있었어요. 잉어가 가리키는 방향을 허겁지겁 따라가다가 한 그루 소나무 앞에서 걸음을 멈추었어요. 그것은 산이 태어나던 해에, 건강하게 오래 살라는 뜻으로 아버지가 손수 심은 소나무였어요. 아직 줄기가 엉성했지만 키는 산보다 훨씬 컸어요.

산은 가장 높은 가지부터 밑동까지 샅샅이 훑어보았어요. 눈에

띄는 것이 없었어요. 해가 서산으로 지려고 하자 마음이 급해졌어요. 지금까지 아버지가 남긴 흔적을 하나씩 떠올려 보았어요. 《천자문》, 낙서 같은 수수께끼, 돌에 새긴 잉어, 소나무. 산의 눈길이 소나무 뿌리에서 멈추었어요.

"뿌리라······."

산은 계선을 바라보며 중얼거렸어요. 《천자문》은 모든 공부의 뿌리라고 했던 대사성의 말이 번개처럼 머리를 스쳤어요.

"소나무 뿌리 주변을 파 보아라."

계선이 소나무 밑동 아래 흙을 조심스럽게 팠어요. 정말 종이봉투 하나가 나왔어요. 계선은 놀랍다는 듯 산을 돌아보았어요. 산은 누가 볼세라 종이봉투를 옷소매에 감추었어요.

산은 다리가 후들거렸어요. 가마에 급히 오르다가 무릎을 쿵 찧었지만 하나도 아프지 않았어요. 오히려 가마꾼들이 놀라서 벌벌 떨었어요. 산은 괜찮다며 안심시키고, 대궐로 돌아가는 길을 재촉했어요.

아버지의 편지

존현각으로 돌아온 것은 해가 완전히 떨어진 뒤였어요.

계선이 소매 속에서 밀랍 바른 봉투를 꺼냈어요. 산은 떨리는 손으로 봉투를 받아들고 급히 열었어요. 봉투 속에는 기름 먹인 봉투가 또 하나 들어 있었어요. 그 덕분에 종이는 여러 달 동안 땅 속에서 썩지 않았어요. 귀퉁이에 피어난 곰팡이만 아니면, 편지는 금방 문갑에서 꺼냈다고 해도 믿을 만큼 말짱했어요.

"소인이 편지를 읽을까요?"

산은 고개를 끄덕거렸어요. 계선이 편지를 읽기 시작했어요.

사랑하는 아들아.

네가 태어나기 며칠 전에 아비는

흑룡이 방으로 들어오는 꿈을 꾸었다.

용꿈을 꾸고 태어난 아이답게 너는

말을 배우기도 전에 글자를 보면 좋아했고

조금 자라서는 어미가 걱정할 정도로

늘 책을 가까이하는 아이였다.

아비는 앞으로 네가 책을 열심히 읽어

마음의 지혜가 탑처럼 쌓이고

만백성의 존경을 받는 성군이 되길 빈다.

아비가 심은 소나무처럼 오래오래 건강하고

가끔이라도 아비를 기억해 주면 고맙겠구나.

  계선이 편지를 읽는 내내, 산은 눈물을 펑펑 쏟았어요. 눈물 속에 한 가지 깨달음이 묵직하게 전해졌어요. 그것은 아버지가 미치광이 죄인이 아니라는 확신이었지요. 한낱 미물인 장끼를 구한

미물(微物) 인간에 비해 보잘것없는 것이라는 뜻으로 '동물'을 이르는 말.

것, 길에 쓰러진 아이를 일으켜 세워 준 것이 아버지의 진짜 모습이었어요.

　편지는 끝이 났지만, 눈물이 멈추지를 않았어요. 산은 아버지를 의심한 것이 미안했어요. 아버지가 무척 그립고 보고 싶었지요.

반가워, 글자들아

이튿날 아침, 공부 시간이 되었어요. 스승은 공부 시간에 맞추어 존현각으로 왔어요. 갑자기 스승이 발목을 삐거나, 나라에 큰일이 생기는 기적은 일어나지 않았어요.

"그저께 배운 부분을 한번 읽어 보십시오."

드디어 올 것이 왔구나. 산의 이마에 땀방울이 맺혔어요. 계선도 조바심이 나서 방 안을 기웃거렸어요. 더는 피할 곳이 없었지요. 산은 이를 악물고 책을 펼쳤어요.

"저하, 어디가 편찮으신지요?"

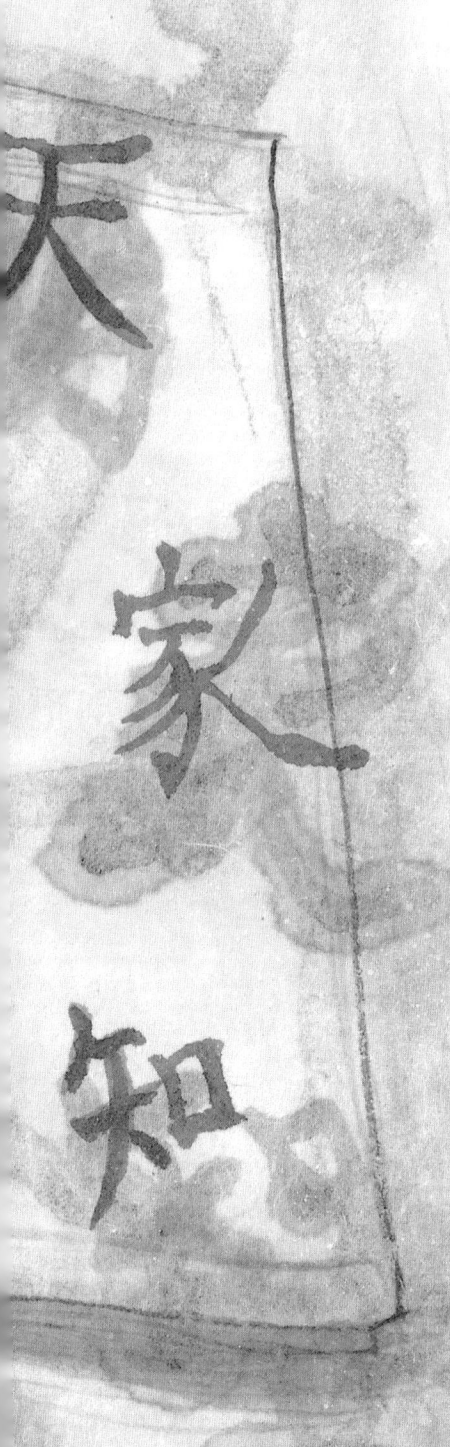

기운 없이 허둥거리는 산을 보고, 스승이 걱정스럽게 물었어요. 산은 말없이 어색한 미소로 화답했어요. 스승이 더 이상 묻지 않았어요.

산은 숨을 몰아쉬었어요. 그리고 책을 향해 고개를 숙였어요.

그러자 책 속에서 신기한 일이 벌어졌어요. 종이 밖으로 흩어졌던 글자들이 꾸물꾸물 움직이며 원래 있던 자리를 찾아갔어요. 글자들은 엄청 느리게 움직였어요. 산에게 조금만 기다려 달라고 아우성치는 것 같았어요.

'반가워, 글자들아. 얼마든지 기다릴게.'

방바닥에 눈물이 뚝뚝 떨어졌어요. 산은 울고 있었어요. 방 안의 스승도, 문밖의 계선도 당황하여 눈만 껌벅거렸어요.

"혹시 공자님의 말씀에 감동을 받아 우십니까?"

스승이 물었어요. 산은 엉겁결에 고개를 끄덕

거렸어요. 글자를 다시 볼 수 있게 되어 기뻐서 흘리는 눈물이라는 말은 굳이 하지 않았어요. 책을 읽고 감동한 것도 전혀 거짓은 아니었으니까요.

"과연 저하는 하늘이 내린 성군˚의 재목˚이십니다."

스승의 목소리가 떨렸어요. 산에게 완전히 감동한 표정이었지요. 산은 어리둥절했지만 싫지 않았어요.

산의 눈물을 본 후, 스승은 더욱 정성껏 가르쳤어요. 산은 스승의 말을 한마디도 놓치지 않았어요. 책을 보는 눈이 반짝반짝 빛났어요. 글을 모조리 외웠고, 스승이 묻는 말에 막힘없이 척척 대답했지요. 오랜만에 스승과 제자가 활짝 웃음꽃을 피웠답니다.

스승이 돌아간 뒤 산은 계선을 불렀어요. 계선이 방바닥에 엎드려 눈물을 흘렸어요. 산은 계선의 등을 토닥토닥 두드려 주었어요. 그동안 계선이 얼마나 걱정했는지 잘 알고 있었어요. 산에게 계선은 아버지처럼 든든한 존재였으니까요.

"서고에 가서 책을 가져오너라."

성군(聖君) 어질고 덕이 뛰어난 임금.
재목(材木) 어떤 일을 할 수 있는 능력이 있거나 어떤 직위에 합당한 인물.

"급히 먹는 밥이 체하는 법입니다. 서두르지 마시고 차근차근 읽으십시오."

계선이 말리자 산은 당당하게 대답했어요.

"나는 세상의 모든 책을 읽을 것이니라."

산은 마당으로 나갔어요. 공기가 차갑지만 상쾌했어요.

"아버지의 묘소가 어느 쪽이냐?"

계선이 동쪽을 가리켰어요. 산은 아버지가 묻힌 곳을 향해 큰절을 두 번 올렸어요. 그리고 햇무리가 남아 있는 동쪽 하늘가를 바라보았지요. 책을 많이 읽으라는, 마음의 지혜를 탑처럼 쌓으라는 아버지의 목소리가 들리는 듯했어요.

"나는 아버지에게 부끄러움 없는 왕이 될 것이니라."

햇빛 아래 우뚝 서서, 산은 스스로 다짐했어요. 그동안 산을 괴롭히던 이상한 소리는 더 이상 들리지 않았어요. 대신 인왕산에서 들려오는 꿩의 날갯짓 소리, 새들이 지저귀는 소리가 귓속을 가득 채웠지요.

산은 하늘을 향해 두 팔을 벌리고 기지개를 켰어요. 가슴이 가

햇무리 옅은 구름이나 안개에 싸여 해의 둘레에 둥글게 나타나는 테두리.

을 하늘만큼이나 넓어지는 기분이었어요. 산은 차마 입 밖에 꺼낼 수 없는 말을 속으로 힘껏 외쳤어요.

'나는 사도 세자의 아들이다!'

책으로 나라를 다스린 조선 최고의 독서왕
이산 정조

어려서부터 영특하고 책 읽기를 좋아했던 정조

정조는 조선의 제22대 왕으로 1752년, 사도 세자와 혜경궁 홍씨 사이에서 태어났습니다. 정조라는 이름은 죽은 뒤 붙은 묘호˚이고, 본명은 '이산'이에요. 정조는 돌 무렵부터 붓과 먹을 만지고 책장을 넘기며 놀았어요. 말을 배우기 전에 글자에 관심을 보였다고도 하지요. 그래서 아버지 사도 세자는 직접 글씨를 써서 책을 만들어 주었는데 그것을 하도 가지고 놀아서 책장이 다 닳았다고 해요. 어머니인 혜경궁 홍씨는 어려서부터 새벽같이 일어나 책만 보는 정조가 건강을 해칠까 봐 걱정했어요. 어머니의 마음을 헤아린 정조는 걱정을 끼치지 않으려고 몰래 등불을 가려 책을 읽었답니다.

1762년, 정조는 충격적인 사건에 맞닥뜨려요. 할아버지인 영조가 아버지를 뒤주에 가두어 죽게 만든 일이었지요. 그때 정조의 나이는 겨우 11살이었어요. 사도 세자의 끔찍한 죽음을 둘러싸고 역사적으로 많은 이야기들이 있어요. 정치의 뜻을 달리한 신하들이 아들과 아버지 사이를 이간질하여 이 같은 일을 꾸몄다는 주장도 있고, 사도 세자가 실제로 정신병이 심하여 그런 참혹한 벌을 내릴 수밖

묘호(廟號) 임금이 죽은 뒤, 살아 있을 때의 업적을 기리어 붙인 이름.

에 없었다는 주장도 있지요. 어찌되었거나 정조는 아버지가 급작스럽게 죽고 나서 임금이 되기까지 아주 힘난한 길을 걸어야 했답니다.

왕위에 오르기까지 힘든 여정 속에서도 책을 놓지 않다!

영조는 사도 세자가 죽은 뒤, 정조를 일찍 죽은 맏아들 효장 세자의 양아들로 삼아 왕위를 잇게 했어요. 죄인의 아들에게 왕위를 물려줄 수는 없었으니까요.

아들 사도 세자가 죽고, 정치인들이 서로 세력 다툼을 하는 등 나라가 어수선한 상황 속에서도 영조는 손자인 정조의 공부에 많은 관심을 두었습니다. 정조에게 무슨 책을 읽는지를 묻고, 그에 관해 토론하는 것을 큰 기쁨으로 여겼지요. 정조 또한 영조와 토론을 하면서 학문을 다졌고 끊임없이 책을 읽고 공부하여 어린 나이에도 불구하고 신하들을 가르칠 수 있는 수준에까지 이르렀어요. 이런 정조

창경궁 문정전
문정전의 옛 이름이 휘령전이에요. 이곳 앞뜰에서 사도 세자가 비극적인 죽음을 맞았어요.

를 보며 영조는 "어릴 적부터 세손처럼 공부하면 늙어서 하나도 잊지 않고 기억할 것이다."라고 말하며 기뻐했습니다.

정조는 1775년, 영조를 대신해 나랏일을 돌보다가 다음 해에 영조가 승하˙하면서 25세의 나이로 왕위에 올랐어요. 정조가 왕이 되는 것을 반대하는 사람들이 숱한 음모를 꾸며 방해했지만 결국 조선의 왕이 되었지요.

책을 통한 정치로써 나라의 평안과 개혁을 꿈꾸다!

책을 통해 나라를 다스린다는 것은 책에서 많은 것을 배우고, 배운 바대로 실천한다는 뜻이에요. 임금이 된 정조는 학문으로써 나라를 다스리고 인재를 기르는 것을 큰 목표로 삼았어요. 이를 위해 제일 먼저 한 일이 왕실 도서관인 규장각을 짓는 일이었습니다. 규장각에는 검서관이라는 제도를 두어, 서얼˙ 신분인 이덕무·유득공·박제가 등을 등용˙했지요. 서얼 출신을 등용한다는 것은 아주 획기적인 일이었어요. 당시 서얼 출신에 대한 차별이 심해서 관직에 등용되기가 굉장히 어려웠거든요. 아무리 머리가 좋고 재능이 뛰어나도 사회의 높은 벽 앞에서 좌절할 수밖에 없었어요. 정조는 이를 안타까워했어요. 재능 있는 사람들이 신분 차별 때문에 능력을 발휘하지 못하는 것은 나라의 손실이기도 하고 그 사람에게도 억울한 일이라고 생각했지요.

그 밖에도 끊임없이 공부하고 연구하여 잘못되거나 부족한 법과 제도를 고쳐 나가기 위해 노력을 아끼지 않았어요. 과거 시험에 합격하고 나서 책 읽기를 소홀히 하는 관리들이 긴장을 늦추지 않도록 시험을 보는 제도를 만들었어요. 또한 신하들의 독서와 학문 수준을 꾸준히 점검했지요.

승하(昇遐) 임금이나 존귀한 사람이 세상을 떠남을 높여 이르던 말.
서얼(庶孼) 양반과 양민 여성 사이에서 태어난 아들과 그 자손.
등용(登用) 인재를 뽑아서 씀.

〈규장각도〉
정조가 세운 왕실 도서관인 규장각을 그린 그림이에요. 1층은 왕실의 도서를 보관하는 규장각이고 2층은 열람실인 주합루인데 오늘날은 건물 전체를 주합루라고 불러요.

 정조 시대의 가장 큰 업적을 꼽는다면 화성을 들 수 있어요. 효성이 지극했던 정조는 아버지 사도 세자의 무덤을 풍수가 좋은 곳으로 옮기고 싶었어요. 그래서 경기도 화성에 있는 융릉을 선택했는데 그 주변에는 이미 백성들이 살고 있었어요. 그래서 화성을 지어 새로운 도시를 만들고 백성들이 이주해 살 수 있도록 지원했어요.

 정조는 화성을 지으면서 실학자들과 함께 연구해 온 새로운 기술과 기기를 사용했어요. 그 덕분에 10년이 걸릴 것으로 예상했던 공사 기간이 2년 반으로 확 줄어들었어요.

 화성을 짓고 새로운 도시를 건설한 밑바탕에는 정조의 지극한 효심이 있었지만 백성들의 삶을 더욱 풍요롭게 하려는 의지와 바람이 자리해 있었어요. 전국에 있

화성의 팔달문
수원 화성의 남문으로 보물 제402호로 지정되었어요. 수원 화성은 1997년 유네스코 세계문화유산에 등재되었답니다.

는 상인들이 화성에 모여 거래할 수 있도록 새로운 길을 냈고 가난한 상인들을 보호했어요. 이들에게 이자 없이 돈을 빌려 주기도 했지요. 또 '만석거'라는 대규모의 저수지와 농지를 만들고 나라에서 직접 농장을 경영하면서 농부들에게 임금을 주기도 했어요. 다른 나라의 앞선 농사법과 농사 기구를 들여와 곡식 생산량을 크게 늘이기도 했지요. 이런 정책들 덕에 화성의 경제는 나날이 발달했습니다.

문화를 꽃피운 조선 최고의 독서 대왕

정조는 책을 사랑했던 임금답게 출판에 힘썼어요. 국내외의 책을 수집해 많은 양을 찍어서 널리 보급했지요. 《사서삼경》처럼 유교의 바탕이 되는 책은 물론, 경전의 핵심 내용을 모아 쉽게 엮은 책도 나누어 주었습니다. 군사를 지휘하는 방법이 담긴 병법서 등 실용적인 책과, 시집이나 좋은 문장을 모은 책과 같이 정서에 도움이 되는 책도 보급했지요.

그 덕인지 당시 양반들만 즐기던 한문 시를 평민들도 짓기 시작했어요. '옥계시사'라는 시 모임을 만들어 시집을 내기도 했지요. 또한 조선의 특색을 살린 그림체인 '진경산수'와 글씨체인 '동국진체'도 이 시기에 만들어졌답니다. 먹고 살기에 바쁜 시절이었다면 백성들이 이처럼 글과 그림을 즐기기는 어려웠을 거예요.

백성들의 생활은 나날이 안정되고 풍요로워졌지만 정조는 눈코 뜰 새 없이 바빴어요. 잠시도 쉬지 않는 성격인 데다가 자신이 일일이 챙겨야 마음이 놓였기 때문에 늘 많은 업무에 시달렸지요. 결국 과로와 울화에 시달리다가 1800년, 세상을 뜨고 말았어요. 정조가 너무 갑작스럽게 죽어서 독살을 당했을 것으로 짐작

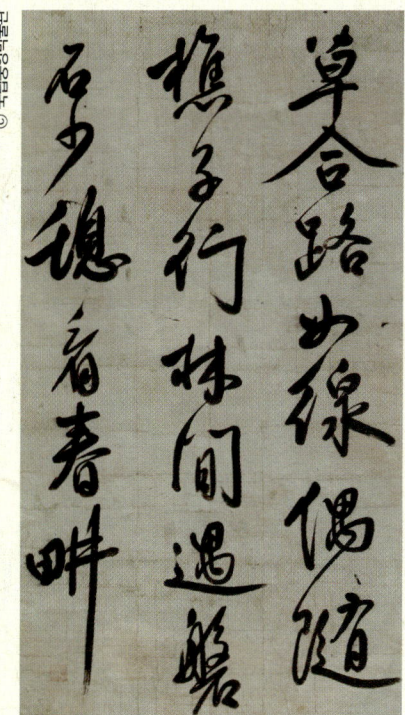

정선의 산수화(왼쪽)
'진경 산수' 그림체를 만든 정선의 산수화예요. 중국의 경치가 아닌 우리나라의 경치를 그리는 데 주력했어요.

이광사의 오언시(오른쪽)
조선의 글씨체를 만들기 위해 노력한 서예가 이광사가 쓴 오언시예요. 오언시는 한 구절이 다섯 글자씩 이루어진 시를 말하지요.

하는 견해도 있지만 아직 진실이 밝혀지지는 않았어요.

　정조는 조선을 통틀어 가장 많은 책을 읽고 가장 많은 글을 쓴 왕으로 손꼽혀요. 오늘날 정조가 쓴 글이 꽤 많이 전해 온답니다. 《홍재전서》는 정조가 지은 시를 엮은 책으로 무려 184권이나 돼요. 여기에는 정조의 하루 일과를 기록한 18권의 《일득록》이 포함되어 있지요. 일기 형식이지만 사실상 나랏일에 관해 기록한 2,327권의 《일성록》도 따로 전해 와요. 그밖에 개인적으로 주고받은 편지의 양도 대단했다고 해요. 정조는 나랏일을 의논하고 안부를 묻는 등 친밀감을 높이기 위해 신하들과 비밀 편지를 주고받았는데 그중 외할아버지에게 보낸 편지 37통과 외삼촌에게 보낸 편지 27통이 남아 있어요. 신하인 심환지에게 보낸 편지를 묶어 둔 서첩 6권도 전해지고 있지요.

　정조는 책을 엄청나게 사랑했어요. 무슨 일을 하든 책을 바탕에 두었지요. 책에 근거해서 말하고 행동하였으며, 행동한 모든 일들을 기록해 책으로 남겼어요.

 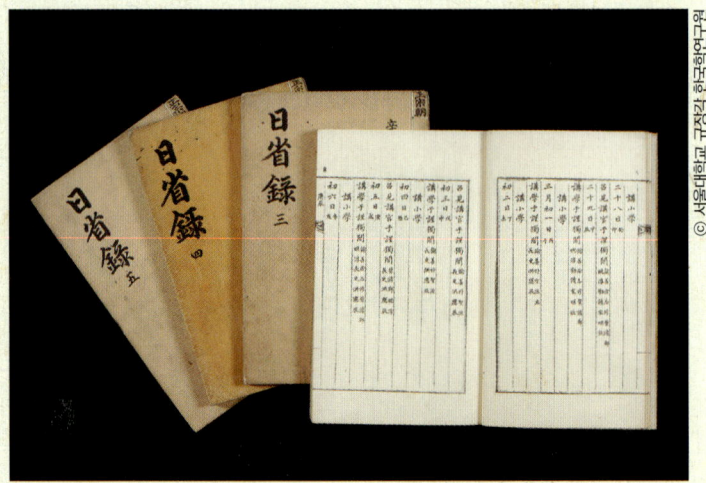

《일득록》(왼쪽)과 《일성록》(오른쪽)
일득록은 《홍재전서》 161권~178권에 수록되어 있어요. 각종 행사에서 신하·유생들과 나눈 대화 또는 지시 등이 기록되어 있어요. 일성록은 1752년부터 1910년까지 나랏일에 대해 기록한 일기예요. 국보 제153호이며 2011년에 유네스코 세계기록유산에 등재되었어요.

왼쪽은 정조가 외삼촌 홍낙임에게 보낸 편지이고, 오른쪽은 신하인 심환지에게 보낸 편지예요.

정조가 나라를 다스리던 시기에 백성들의 생활이 안정되고 찬란한 문화를 꽃피울 수 있었던 것은 정조의 지독한 책 사랑 때문이었는지 몰라요. 책을 통해 마음을 닦고, 나라를 다스리는 지혜를 얻었으며, 백성에게 다가갈 수 있었던 정조는 오늘날 조선의 황금기를 연 성군으로 평가 받는답니다.

정조의 독서법

늘 책을 곁에 두고 책에서 답을 찾으려 했던 정조는 책 읽기에 관한 원칙이나 소신을 곳곳에 기록으로 남겨 두었어요. 독서 대왕 정조의 다양한 독서법을 살펴보아요.

나는 어려서부터 언제나 일과를 정해 놓고 글을 읽었다.
병이 났을 때 말고는 반드시 일과를 지켰는데
임금이 된 뒤로도 그만둔 적이 없다.
저녁에 손님을 만나고 나서 밤이 깊었더라도
책을 가져다 몇 번이고 읽어 일과를 채우고 나서
잠자리에 들어야 비로소 마음이 편안하였다.

-《홍재전서》161권,《일득록》첫 번째 권 중에서

새로 벼슬길에 나온 신하들에게 "그대들은 요즘 어떤 책을 읽고
있느냐?" 물었더니 읽지 못하고 있다고 대답하였다.
그래서 "이는 하지 않는 것이지 못하는 것이 아니다.
여러 가지 일을 하느라 여가가 적기는 하겠지만,
마음만 있다면 하루 한 편 정도 글을 읽는 것은 어렵지 않다.
이렇게 목표를 세워 날마다 규칙적으로 해 나간다면
일 년에 몇 권의 경서를 읽을 수 있고,
몇 년 동안 쉬지 않고 꾸준히 해 나간다면 칠서를 두루 읽을 수 있다.
지금 일부러 독서할 날짜를 정하려 하면
책을 읽을 수 있는 때가 없을 것이다.
선비라면서 경서를 송독하지 못한다면
선비다운 선비가 될 수 없다."고 하였다.

-《홍재전서》162권,《일득록》두 번째 권 중에서

경서(經書) 옛 성현들이 유교의 사상과 교리를 써 놓은 책.
칠서(七書)《논어》,《맹자》,《중용》,《대학》의 네 가지 경전과《시경》,《서경》,《주역》의 세 가지 경서.
송독(誦讀) 소리 내어 글을 읽거나 외워서 글을 읽음.

"나는 젊어서부터 독서를 좋아해서 바쁘고 소란스러울 때에도
날마다 정해 놓은 분량을 읽었는데,
경서, 역사책, 제자백가의 책, 개인 문집 등을
대략만 헤아려 보아도 그 수가 매우 많다.
그에 대한 독서 기록을 만들고자 하여, 네 가지 종류로 나눈 다음
각각의 책 밑에 엮은 사람과 일러두기를 상세하게 기록하였으며,
끝에는 어느 해에 송독했다는 것과 나의 평론을 덧붙여서
하나의 책을 만들었다. 내가 책에 대해서 품평한 것을
사람들이 모두 두루 볼 수 있을 뿐만 아니라,
나 또한 여가 시간에 한가롭게 뒤적이면 평생 내가 한 공부가
날날이 눈에 들어와, 경계하고 반성할 데가 많을 것이기 때문이다."

-《홍재전서》162권, 《일득록》두 번째 권 중에서

제자백가(諸子百家) 중국 춘추 전국 시대의 여러 가지 학파. 공자, 노자, 맹자, 장자 등을 통틀어 이름.

"책은 많이 읽으려고 힘쓸 것이 아니라 한 권이라도

마음과 힘을 모아 치밀하게 읽어야 하며,

신기한 것을 보려고 힘쓸 것이 아니라

오히려 평범하고 일상적인 것을 보아야 한다.

마음과 힘을 모아 치밀하게 읽다 보면 절로 환히 깨닫게 되는 부분이 있고,

그런 평범한 내용 중에 자연히 오묘한 부분이 들어 있다.

지금 사람들은 책을 읽을 때 많이 보려고만 들고

치밀하게 읽는 데는 힘쓰지 않으며,

신기한 것만 좋아하고 평범한 것을 달가워하지 않으니,

그 때문에 많이 읽을수록 도(道)와 점점 멀어지는 것이다."

—《홍재전서》 164권, 《일득록》 네 번째 권 중에서

오묘(奧妙) 깊이가 있고 묘함.
도(道) 깊이 깨우친 이치나 경지.

참고한 책
《사도 세자의 고백》(이덕일, 푸른역사, 1998)
《권력과 인간》(정병설, 문학동네, 2012)
《정조》(이한우, 해냄출판사, 2007)
《이산 정조대왕》(이상각, 추수밭, 2007)
《일득록 : 정조대왕 어록》(남현희 옮김, 문자향, 2008)
《정조의 생각》(김문식, 글항아리, 2011)
《정조 치세어록》(안대회, 푸르메, 2011)
《이산 정조, 꿈의 도시 화성을 세우다》(김준혁, 여유당출판사, 2008)
《독서대왕 정조》(김정린 글, 자유로, 2013)